BEI GRIN MACHT SICH IHR WISSEN BEZAHLT

Grundlagen der allgemeinen Betriebswirtschaftslehre

Ziele eines gemeinnützigen Unternehmens, das ökonomische Prinzip, der entscheidungstheoretische Ansatz, betriebswirtschaftliche Standortfaktoren, die Produkt-Markt-Matrix nach Ansoff und das Wertkettenmodell nach Porter

GRIN

Bibliografische Information der Deutschen Nationalbibliothek:

Die Deutsche Nationalbibliothek verzeichnet diese Publikation in der Deutschen Nationalbibliografie; detaillierte bibliografische Daten sind im Internet über http://dnb.d-nb.de abrufbar.

ISBN: 9783346324832
Dieses Buch ist auch als E-Book erhältlich.

© GRIN Publishing GmbH
Nymphenburger Straße 86
80636 München

Druck und Bindung: Books on Demand GmbH, Norderstedt Germany
Gedruckt auf säurefreiem Papier aus verantwortungsvollen Quellen

Das vorliegende Werk wurde sorgfältig erarbeitet. Dennoch übernehmen Autoren und Verlag für die Richtigkeit von Angaben, Hinweisen, Links und Ratschlägen sowie eventuelle Druckfehler keine Haftung.

Das Buch bei GRIN: https://www.grin.com/document/974666

Sonderprüfung Einsendeaufgabe

Alternative B
Aus dem Themenkatalog 2020

Eingesandt: 09.04.2020

SRH Fernhochschule Riedlingen

Modul: Allgemeine Betriebswirtschaftslehre

Studiengang: Wirtschaftspsychologie, Bachelor of Science

Inhaltsverzeichnis

Abkürzungsverzeichnis

AO	Abgabenordnung
GewStG	Gewerbesteuergesetz
KStG	Körperschaftssteuergesetz

Abbildungsverzeichnis

Tabellenverzeichnis

Gendererklärung

In dieser Hausbarkeit wird zur besseren Lesbarkeit das generische Maskulinum angewendet. Es wird darauf hingewiesen, dass die ausschließliche Verwendung der männlichen Form geschlechtsunabhängig zu verstehen ist.

3

Aufgabe B1

Mithilfe eins gemeinnützigen Unternehmens wird erläutert, welche Unternehmensziele verfolgt werden und welche Ressourcen dabei zum Einsatz kommen. Es wird ebenfalls erläutert warum auch gemeinnützige Unternehmen die Grundgedanken des ökonomischen Prinzips beachten sollten. Bei dem ausgewählten Unternehmen handelt es sich um die ARCHE. Die ARCHE wird gemäß § 52 AO als gemeinnütziges Unternehmen geführt. Deswegen ist das Unternehmen gemäß § 5 Abs. 1 Nr. 9 KStG von der Körperschaftssteuer und gemäß § 3 Nr. 6 GewStG[1] von der Gewerbesteuer befreit ist. Das Unternehmen beschäftigt sich mit der Arbeit mit Kindern, Jugendlichen und Familien. Sie bieten sinnvolle Freizeitangebote, kostenlose Mahlzeiten, effektive Bildungsförderung, nachhaltige Beziehungsarbeit, erlebnisreiche Feriencamps und bieten Familien und Eltern Hilfen und Beratung an. Ihr Ziel ist es, die Öffentlichkeit auf soziale Missstände in der Gesellschaft hinzuweisen und auf breiter Ebene dafür zu werben, dass sich die Lebensbedingungen benachteiligter Kinder und Familien sich dauerhaft verbessern[2]. Unternehmerische Ziele sind das Wirtschaften und das Treffen von wirtschaftlichen Entscheidungen über Zielsetzungen, die Durchführung der Leistungserstellung und der Leistungsverwertung[3]. Bei der Erbringung von Dienstleistungen handelt es sich um immaterielle Güter, die sich im Vorfeld nicht fassen lassen. Im Sinne des Anspruchsgruppenmanagements sind die Ziele eines Unternehmens sehr vielfältig, schließlich gilt es die unterschiedlichen Bedürfnisse zu befriedigen. Die Bedürfnisse können von allen Stakeholdern, Auftraggebern, Kunden, Mitarbeitern, Unternehmensführung, Lieferanten und der Gesellschaft kommen. Dies wird auch die Anreiz-Beitrags-Theorie genannt. Da dies eine herausfordernde Aufgabe ist, kann es zu Zielkonflikten kommen. Das beispielhafte Unternehmen „Die Arche" könnte folgende Ziele verfolgen: Spender finden, für die Kinder, Jugendlichen und Familien eine Hilfe und Unterstützung im Alltag zu sein, das heißt zum Beispiel soziale Kompetenzen vermitteln, kostenlose Mahlzeiten zur Verfügung stellen, Eltern und Familien stärken. Ebenso möchten sie den Vertrag mit den Kostenträgern erfüllen, Qualitätsziele erreichen, die Erwartungen der Mitarbeiter erfüllen. Ebenso gilt als wichtiges Grundziel der Grundsatz der Aufrechterhaltung des finanziellen Gleichgewichtes Für jedes Unternehmen ist es wichtig nach dem ökonomischen Prinzip zu handeln um die Erreichung des Liquiditätsziel erzielen. Um die festgelegten Ziele erreichen zu können, müssen die vorhandenen Mittel und Ressourcen richtig eingesetzt werden. Man spricht hier von der Optimierung der Ziel-Mittel-Relation[4]. Für die ARCHE bedeutet dies also, die vorhandenen

---

[1] *Vgl.* Bundesamt für Justiz Bundesamt für Justiz 2020a, 2020c, 2020b
[2] *Vgl.* Die Arche
[3] *Vgl* Wöhe, Döring, Brösel (2016) S.4
[4] *Vgl* Wöhe, Döring, Brösel (2016) S.8

Ressourcen, wie die Anzahl der Mitarbeiter, die begrenzten räumlichen Möglichkeiten und Öffnungszeiten, kundenbezogene Zeiten, das Know-how der Mitarbeiter und die begrenzten Geldmittel miteinzubeziehen. Aber auch externe Faktoren, wie die Kunden und Spender selbst, in die Dienstleistung müssen mit einbezogen werden. Die Ressourcen müssen so eingesetzt werden, dass die Ziele möglichst effizient und effektiv erreicht werden. Kundenempfehlungen oder Kundenkritik können ebenfalls eine Ressource für Unternehmen darstellen. Betriebliche Prozesse sollen durch den Einsatz der zur Verfügung stehenden Ressourcen optimiert und die Stakeholder zufriedengestellt werden. Gemeinnützige Unternehmen müssen dafür ebenso, wie andere Unternehmen, Umsätze erwirtschaften, um ein finanzielles Auskommen zu schaffen. Das ökonomische Prinzip mit seinen zwei Ausprägungen, *Minimal- und Maximalprinzip*, liefert dazu die Basis. Das Minimalprinzip für die ARCHE wäre beispielsweise, dass nur die Räumlichkeiten nur zu einem bestimmten Zeitraum aufhaben, mit möglichst wenigen Mitarbeiten und niedrigen Kostenaufwand was die Arbeit mit den Kindern angeht. Das Unternehmen würde nach dem Maximalprinzip arbeiten, wenn mit einem gegebenen mengen- oder wertmäßigen Input, ein Maximum an Output erzielt werden soll, ein Beispiel wäre die Gewinnorientierung. Zum Beispiel mit einem festgesetzten Budget für Fortbildungen sollen die Mitarbeiter weiterqualifiziert werden. Zum ökonomischen Prinzip gehören aber auch die Komponenten, Ziele bzw. Bedürfnisbefriedigung, aber auch die knappen Güter und Mittel. Gerade die knappen Güter sind bei öffentlichen Einrichtungen wichtig, denn oft mangelt es gerade dort an Arbeitszeit, Arbeitskraft oder auch am Kapital. Als Fazit lässt sich festlegen, dass das ökonomische Prinzip der Kern des wirtschaftlichen Handelns ist. Danach handeln auch gemeinnützige Unternehmen, um den betrieblichen Fortbestand sicherzustellen und die Unternehmensziele zu realisieren.

Aufgabe B2

In der Betriebswirtschaftslehre gibt es verschiedene Ansätze, welche versuchen zu erklären, wie Betriebe funktionieren. Jeder Ansatz betrachtet das Unternehmen aber immer nur aus einem Blickwinkel. Die anderen Blickwinkel werden nicht betrachtet. Deswegen soll ein Grundverständnis für den entscheidungstheoretischen Ansatz geschaffen werden. Dieser geht auf Edmund Heinen (1971) zurück[5]. Grundlage dieses Ansatzes sind Entscheidungsprozesse, im Sinne von Problemlösungsprozessen. Entscheidung bedeutet, Probleme zu erkennen, Handlungsalternativen suchen und zu beurteilen, Umsetzung aber auch Kontrolle der gewählten Handlung[6]. Man unterscheidet zwischen zwei Ausprägungen: *der deskriptive Ansatz* versucht,

---

[5] *Vgl* Heinen (1971) S. 429-444, *Vgl*. Peters, Brühl, Stelling (2005) S.23
[6] *Vgl*. Känel (2018) S. 329-330

das tatsächliche Entscheidungsverhalten von Menschen darzustellen. Dabei sollen soziale und psychologische Phänomene Berücksichtigung finden. Sie soll Erklärungen liefern, warum die Entscheidungen auf diese Art und Weise getroffen. Dies wird jedoch nur als programmatischer Anspruch verfolgt. Die Umsetzung erfolgt erst im verhaltenstheoretischen Ansatz. Für die Aufgabe wird nun näher auf *den normativen Ansatz* eingegangen werden. Der normative Ansatz versucht, Entscheidungen zu erfassen, sie zu strukturieren und zu analysieren. Der Ansatz versucht ebenso mit dieser formal-mathematischen Vorgehensweise Regel für optimale Entscheidungen abzuleiten. Nach dem entscheidungstheoretischen Ansatz bestehen Entscheidungen aus drei Grundprinzipien. Es muss zwischen mehreren Alternativen entschieden werden. Die Unternehmensziele bilden den Hintergrund der Entscheidungen. Entscheidungen werden immer auch durch Faktoren aus der Makroumwelt, den Umweltzuständen, beeinflusst. Dies gilt in den formal-mathematischen Modellen zu berücksichtigen. Formale Entscheidungsmodelle verlangen somit Angaben über alternative Umweltbedingungen, die unterschiedlichen, zur Auswahl stehenden Entscheidungsoptionen, die jeweiligen Entscheidungskonsequenzen und die zu verfolgenden Ziele und dabei zu beachtenden Kriterien. Zu bedenken ist auch, dass es vielfältige Widersprüche zwischen den verschiedenen Ansätzen gibt, von denen es viele gibt. Da es beim entscheidungstheoretischen Ansatz um die realistische Beschreibung von Entscheidungen in Unternehmen und der relevanten Einflüsse geht, wird dieses Modell vorgeschlagen. Entscheidungsregeln sind Vorschriften, die anhand von bestimmten Kriterien dem Entscheider eine der zur Auswahl stehenden Handlungsalternativen nahelegt. Entscheidungsprobleme können formal in Entscheidungsmodellen dargestellt werden. Dafür werden in diesen Entscheidungsmodellen, die Angaben, in einer Entscheidungsmatrix und ggf. auch in einer sogenannten Nutzenmatrix zusammengeführt. Die mathematisch beste Alternative wird ermittelt. Da der Entscheider versucht rational Lösungen für das jeweilige Entscheidungsproblem zu finden, ist eindeutig der Vorteil für diese Herangehensweise. Rein subjektive Entscheidungen werden vermieden. Wie viele Modelle weist auch dieses, Schwachpunkte auf. Unternehmen verfolgen eine Vielzahl von Zielen, die keinesfalls alle in einer Matrix abgebildet werden können. Umweltzustände, welche eine wichtige Rolle spielen, beruhen jedoch auf mehr oder weniger gut vorhersehbaren Prognosen und meistens doch schwer vorauszusagen, welche Umweltzustände. Weshalb auch die „besten" Prognosen immer mit Unsicherheiten und Ungenauigkeiten behaftet und für den Entscheider nicht beeinflussbar sind. Unsicherheiten bringen auch die Ermittlung von Absatz- und Umsatzzielen. Zukünftige politische Konstellationen können prognostiziert, jedoch nicht mit absoluter Sicherheit vorausgesagt werden. Je nach politischer Konstellation werden dann unterschiedliche Entscheidungen getroffen, welche Einfluss auf den Umsatz haben können. Eine politische Konstellation kann den Absatz von umweltfreundlichen Produkten forcieren und durch staatliche Förderungen den Unternehmenserfolg verbessern. Konjunkturelle Entwicklungen und Kundenpräferenzen können ebenfalls mit Unsicherheiten verbunden sein. All diese Themen müssen betrachtet werden, indem sie mit Werten versehen werden, die aufgrund weiterer Regeln vergeben werden. Bei der Bewertung der Zahlen kann es zu Fehleinschätzungen kommen, da auch die verfolgten Ziele von Unternehmen unterschiedlich sein können. Ein Ziel kann zum Beispiel können geringe Kosten sein. Die Bewertung eines solchen Zieles ist nur durch die Überführung in eine Nutzenmatrix möglich, um sie mit anderen Bereichen vergleichbar zu machen. Für jede Kombination aus Zielen, Umweltzuständen und Alternativen müssen Zahlen gefunden und diese mit Zahlen bewertet werden. Dieser Ansatz ist sehr gut geeignet, wenn es zum Bespiel um die Anschaffung einer neuen Software geht. Bei Entscheidungen beispielsweise ob der einer Bewerber besser geeignet ist, als der andere, fällt eine Beurteilung mittels dieses Ansatzes schwer, da auch trotz der Vorlage von formalen Abschlüssen nur schwer zu beurteilen ist, ob der Bewerber wirklich die Kenntnisse besitzt, welche er für diese Tätigkeit benötigt. Fazit: Dieser Ansatz fokussiert zwar die Shareholder, Stakeholder und deren Zielsetzungen, lässt allerdings Wahrnehmungen, Einstellungen, Kognitionen, Erfahrungen usw. als Teil des menschlichen Entscheidungsverhaltens unberücksichtigt.

Aufgabe B3

Für den Betriebserfolg von entscheidender Bedeutung ist die Wahl eines geeigneten Standorts. Die Standortentscheidung zählt zu den sogenannten konstitutiven Entscheidungen und wird schon in der Gründungsphase getroffen. Aber auch in einer späteren Phase kann es nochmals zu Entscheidungen kommen, zum Beispiel wenn man das Unternehmen vergrößern möchte[7]. Um einen geeigneten Standort ermitteln zu können, sollte eine Standortanalyse durchgeführt werden. Diese sollte die betriebswirtschaftlichen Standortfaktoren beinhalten: beschaffungs- und produktionsorientierte, absatzorientierte sowie unternehmensbezogene Standortfaktoren. Zu den *unternehmensbezogenen Standortfaktoren* zählen alle Faktoren der Makroumwelt: gesellschaftlich-kulturelle und politische Rahmenbedingungen, Wirtschaftsordnung, Steuerpolitik, staatliche Fördermöglichkeiten. Zu den *absatzorientierten Standortfaktoren* zählen private und öffentliche Nachfrage, Herkunftsgoodwill, Konkurrenz, die Anbindung an die Infrastruktur im Sinne von Nähe zu den Absatzmärkten aber auch die Erreichbarkeit durch Kunden, die

---

[7] *Vgl.* Weber, Kabst, Baum (2018), S. 79-80 *Vgl.* Peters, Brühl, Stelling (2005) S 56,57

Kaufkraft der Bevölkerung und die Exportmöglichkeiten. Unter *beschaffungs- und produktionsorientierte Standortfaktoren* versteht man hingegen die die Verfügbarkeit und die entstehenden Kosten von Arbeitskräften, aber auch die Grundstückslage selbst. Es können Kosten für Rohstoffe sowie für Energieversorgung gesenkt werden, wenn die Lage eines Standorts durchdacht ausgewählt wird. Ist ein Verkehrsknotenpunkt gut erreichbar, können die Produkte schneller an die Kunden gebracht werden. Die Nähe zu möglichen Kooperationspartner ist auch ein Vorteil für einen Standort. Die Kosten für Fremdkapitalbeschaffungen sind regional sehr unterschiedlich, dies spielt ein wichtiger Faktor für Unternehmen, welche hohe Investitionen tätigen müssen. Die geologischen und klimatischen Gegebenheiten sind ebenfalls ein wichtiger Faktor[8]. Nutzt ein Unternehmen zur Betrachtung all dieser Standortfaktoren beispielsweise eine Nutzwertanalyse und triff anhand dieser seine Entscheidungen, kann dies einen wichtigen Grundstein für den Firmenerfolg legen. Um dies besser zu erklären, wird ein Beispiel-Unternehmen herangezogen. Die frischgebackene Psychologin Katrin Müller möchte nun ihr erlerntes Wissen umsetzen und eine Praxis gründen. Zu Beginn prüft sie verschiedene Standortfaktoren auf ihre Relevanz, um die wichtigen Standortfaktoren herauszufinden, welche ihren Zielen entsprechen. Zwei Standorte nimmt sie näher in Betrachtung: Warthausen und Ochsenhausen. Die Psychologin trennt die wichtigen von den unwichtigen Standortfaktoren, die sind in ihre Bewertung aufnehmen möchte. Die steuerlichen Faktoren unterscheiden sich nicht voneinander, da an beiden Orten lediglich die Einkommenssteuer anfällt. Für ihren Beruf wird auch keine Kommunalsteuer erhoben, da es um keine gewerbliche Tätigkeit handelt. Da sie ausreichendes Eigenkapital besitzt, bewertet sie die Kosten für Fremdkapital als nicht relevant. Allenfalls würde Frau Müller einen Kleinkredit aufnehmen müssen, den sie aber schnell begleichen wird. In der Gründungsphase besteht auch kein Personalbedarf, da sie Büro- und Reinigungstätigkeiten selbst durchführen wird. Beschaffungskosten für medizinische Produkte und Büromaterial wird sich ebenfalls nicht unterscheiden, da sie diese sich im Online-Handel bestellen wird. Die Verkehrsanbindung bewertet sie bei beiden Standorten als gleichwertig. Frau Müller definiert folgende zentrale Ziele: hohe Anzahl an potenziellen Kunden/Einwohneranzahl, geringe Anzahl an Mitbewerbern, hohe Kaufkraft der Bevölkerung und niedrige Mietpreise. Die Psychologin entscheidet sich für die se Faktoren, weil eine geringe Anzahl an Konkurrenten verbunden mit einer hohen Kaufkraft der Bevölkerung und einer hohen Einwohneranzahl steigern deutlich die Chancen am Absatzmarkt. Als laufende Ausgabe tragen geringere Mietkosten zur Gewinnsteigerung bei. Diese Standortfaktoren werden nun in einer Ergebnismatrix zusammengehört und bildet die Basis für die Bewertung (Anhang 1: Ergebnismatrix).

---

[8] *Vgl.* Thommen, Achleitner, Gilbert, Hachmeister, Kaiser (2017) S. 39 - 40

Die daraus gewonnen Erkenntnisse werden nun in einer Nutzenmatrix zusammengetragen und jedem Ergebnis wird ein Nutzenwert zugeordnet. Durch die Gewichtung wird eine Vergleichbarkeit der Ziele möglich. Die Nutzenwerte werden mit der Gewichtung multipliziert und aufaddiert. Der Standort mit dem höchsten Nutzenwert ist zu bevorzugen, in diesem Fall Warthausen (Anhang 2: Nutzenmatrix).

Aufgabe B5

Durch die Bestimmung von ihren Strategien, versuchen Unternehmen ihre Ziele zu erreichen. Für die Strategiebildung beginnt man mit der strategischen Situationsanalyse, die ressourcenorientierte Analyse oder die marktorientierte Analyse, mit deren Hilfe, die Umwelt analysiert wird. Die Produkt-Markt-Matrix nach Ansoff[9] zählt zu der Wettbewerbsstrategie. Diese hat einen Instrumentalcharakter für ein Unternehmen, weil sie eine mittel-bis langfristigste wirkende Grundsatzentscheidung ist. Sie dient als Orientierungsrahmen, mit dessen Hilfe man die nachgeordneten Entscheidungen im Bereich der absatzpolitischen Instrumente getroffen werden. Für die zuvor festgelegte Zielerreichung kann weiterführend der operative Mitteleinsatz kanalisiert werden[10]. Diese Entscheidungen werden dann im Rahmen des Managementkreislaufes weiterführend umgesetzt. Wenn ein Unternehmen, die verfolgten Ziele mit den bisherigen Strategien erreichen kann, müssen geeignete Alternativen gefunden werden. Ein möglicher Ansatzpunkt ist die Produkt-Markt-Matrix nach Ansoff[11], mit der die Entwicklungsrichtlinien eines Unternehmens näher beleuchtet werden kann. Mithilfe dieser Matrix soll erklärt werden, wie ein Unternehmen wachsen und welche Strategien es verfolgen kann, um Marktanteile für sich zu gewinnen, aber auch um Strategieoptionen hinsichtlich Wachstumsmärkten zu entwickeln. Zu diesem Zweck gibt es zwei grundlegende Einteilungen[12]: 1) Die „interne Sicht", dies betrifft Produkte oder Leistungen des Unternehmens und 2) die „externe Sicht", dies sind Märkte und Zielgruppen. Diese beiden Einteilungen werden weiterführend von Ansoff untergliedert in die Bereiche „Aktuell" und „Neu". Dadurch entsteht eine Vier-Felder-Matrix mit einem Quadranten „Marktdurchdringung", „Produktentwicklung", „Marktentwicklung", und „Diversifikation"[13]. (Siehe Anhang 3: Produkt-Markt-Matrix). Indem er in seiner Matrix eine Produkt Zielgruppen-Kombination abbildet, definiert Ansoff strategische Wachstumsoptionen. Er geht von aktuellen Produkten und aktuellen Märkten aus. Ziel der „Marktdurchdringung" ist

---

[9] *Vgl.* Ansoff (1966)
[10] *Vgl.* Nieschlag, Dichtl, Hörschgen (2002) S. 176
[11] *Vgl.* Ansoff (1966)
[12] *Vgl.* Ansoff (1966) S. 132
[13] *Vgl.* https://bibliotheksportal.de (2015)

es, Marktanteile am aktuellen Markt mit den aktuellen Produkten durch gezielte Maßnahmen zu erhalten, mit dem Willen bei den bestehenden Käufern das Absatzvolumen zu steigern und neue Käufer abzuwerben. Marketing wäre so eine Maßnahme. Für das Unternehmen wäre dies nur ein geringes Risiko. Bei „Marktentwicklung" geht es um die Eroberung neuer Märkte, durch strategische Maßnahmen. Neue Märkte können durch Erschließung neuer Käuferschichten, neue Anwendungsmöglichkeiten bestehender Produkte und neue regionale Märkte erobern, erschlossen werden. Die Aufnahme von neuen Produkten gehört zur „Produktentwicklung", also die vorhandene Produktpalette wird ausgeweitet. Durch neue Produkte soll der Kundenbedarf auf den bisherigen Märkten befriedigt werden. Neue Produkte können dabei aktuelle Produkte ersetzen oder sie ergänzen. Im Matrixfeld „Diversifikation", werden neue Produkte für neue Märkte entwickelt. Das Unternehmen kann dadurch neue Wachstumsquellen erschließen[14]. Im folgenden Beispiel dies näher erläutert. Ein Currywursthändler[15] in Hamburg besitzt in Deutschland 10 Verkaufslokale und verfügt über eine Produktpalette von Currywurst, Bratwürsten und sonstigen Wurst-Spezialitäten und Soßen. Zunächst entscheidet sich das Unternehmen für eine Wachstumsstrategie mit wenig Risiko und wählt daher die Marktdurchdringung. Mit Marketingmaßnahmen wie Gratiskostproben von ausgewählten Produkten, Rabattmarken-Aktionen wird versucht, den Absatz bei Laufkundschaften zu steigern. Es werde auch zwei weitere Verkaufslokale in Deutschland eröffnet, um dort das bestehende Warensortiment zu verkaufen und somit die Strategie der Marktentwicklung zu verfolgen. Diese ist mit einem etwas höheren Risiko verbunden als die Strategie der Marktdurchdringung, da der Geschäftsführer nicht abschätzen kann, ob die Produkte in den neuen Geschäften ebenso gut ankommen[16]. Die nächste Strategie ist die Produktentwicklung. Zusätzlich verkauft der Currywurstverkäufer nun auch vegetarische und vegane Currywurst in Deutschland. Die bereits bestehende Infrastruktur wird weiterhin für den Verkauf der bestehenden und der neuen Produkte genutzt, wodurch das Risiko geringgehalten werden kann. Dennoch gelingt es ihr mit dieser Strategie und mit neuen Produkten mehr Umsatz bei einem gleichbleibenden Markt zu generieren, da auch neue Käufer angesprochen werden. Nun will der Geschäftsführer neue Märkte erreichen und will mit seinen Produkten ins Ausland gehen. Durch die ausreichenden Rücklagen kann bei der Expansion auch mehr Risiko eingegangen werden. Er denkt für die Strategie Marktentwicklung, an Peru. Der Geschäftsführer nimmt dazu aber die alten Produkte, die ursprüngliche Produktpalette und will damit einen neuen Markt erobern. Peru spricht als Markt sehr gut auf die Currywurst aus Deutschland an. Als letzter Strategieschritt entscheidet der Geschäftsführer

---

[14] *Vgl.* Thommen, Achleitner, Gilbert, Hachmeister, Kaiser (2017) S. 542 - 544
[15] Vgl. https://www.fuer-gruender.de
[16] *Vgl.* Thommen (2015) S. 58 -

sich für die Diversifikation, welche die größten Risiken in der Matrix aufweist, es aber auch das höchste Absatzpotenzial bringt. Das neue Produkt, die vegetarische Currywurst, wird auch in Peru verkauft.

Kritik: Bei diesem Modell werden die Strategien der Wettbewerber nicht berücksichtigt, welche natürlich auch versuchen mehr Marktanteile zu gewinnen[17].

Aufgabe B6

Zur operativen Ebene zählen Leistungserstellung und – verwertung. In der operativen Ebene werden die formulierten Ziele im Tagesgeschäft umgesetzt. Durch den auf dieser Ebene stattfindenden Transformationsprozess, erwirtschaften eigenwirtschaftliche Unternehmen ihre Wertschöpfung. Also dadurch das Produktionsfaktoren bezogen werden oder im eigenen Betrieb eine Leistung stattfindet und letztendlich als Output-Gut, also das Ergebnis des Produktionsprozesses verkauft wird, mit dem Ziel der der Realisierung des Gewinnes. Unternehmen bekommen so einen Mehrwert, die sogenannte Wertschöpfung. Diese betriebswirtschaftlichen Vorgänge und Funktionen hat Michael Porter in seinem Wertkettenmodell veranschaulicht (Anhang 5: Wertkettenmodell)[18]. Porter unterscheidet zwischen primären und unterstützenden Aktivitäten. *Primäre Aktivitäten* sind wertschöpfende Prozesse, zu denen nennt er alle Aktivitäten, die mit der physischen Herstellung des Produktes und mit dem Leistungsaustausch mit den Firmenkunden verbunden sind. Das sind: Eingangslogistik, Operationen, Marketing und Vertrieb, Ausgangslogistik und Kundendienst. Tätigkeiten und Bereiche, die aus Sicht der Kunden, mit dem eigentlichen wertschöpfenden Prozess nichts zu tun haben, nennt Porter unterstützende Tätigkeiten. Jedoch erzeugen sie Inputs. Sie machen die primären Aktivitäten überhaupt erst möglich. Dazu zählen Unternehmensinfrastruktur, Personalwirtschaft, Technologieentwicklung und Beschaffung. Porter´s Wertkette dient als Diagnoseelement, um das Unternehmen zu durchleuchten, damit Teilprozesse zu geringeren Kosten durchgeführt werden können, oder mit einem höherem Kundennutzen. Durch dieses Modell sollen Prozesse gestärkt werden[19]. Mithilfe eines Beispiels soll das Modell näher erläutert werden:

Der Damenschuhhersteller ROSENROTH bietet teure und sehr gut gefragte, individuell gefertigte Schuhe über Online-Shop an. Die Schuhe werden in der firmeneigenen Produktionshalle durch die Produktionsmitarbeiter mit den vorhandenen Maschinen gefertigt. ROSENROTH muss einen bestimmten Verkaufspreis erzielen, damit sie Wert / Gewinn schafft. Die Firma

---

[17] *Vgl.* Meffert, Burmann, Kirchgeorg (2015) S. 257-258
[18] *Vgl.* Porter (2000) S. 64
[19] *Vgl.* Weber, Kabst, Baum (2018), S. 11-12 & *Vgl.* Spyra (2016) 73 - 75

11

kauft die Einzelbestandteile, welche sie für die Produktion benötigt, vom Lieferanten. Das sind Stoffe, Sohlen, Garne, Schnürsenkel, Ösen, Schnallen etc. Die Materialien werden in einem Lager im Betrieb zwischengelagert, bis sie benötigt werden. Durch möglichst geringe Einstandspreise beim Zukauf der Materialien wird die Wirtschaftlichkeit erhöht. Es könnten Lagerkosten minimiert werden, wenn gezielte Bedarfsermittlungen für das Material durchgeführt und Bestellungen angepasst werden. ROSENROTH ist es wichtig, dass die zugekauften Materialien eine gute Produktqualität haben, damit für die Kunden auch hochwertige Damenschuhe hergestellt werden können. ROSENROTH ist es auch wichtig, dass sie gute Kontakte zu ihren Lieferanten haben, denn nur so kann bei Materialbedarfsabweichungen für eine rasche Nachlieferung gesorgt werden. Dennoch ist es der Firma wichtig, dass mit mehreren Lieferanten in Beziehung stehen, denn nur so entsteht keine Abhängigkeit von einem Lieferanten, Preise können verglichen werden und Kosten für die Produktion, aber auch für das fertige Produkt können reduziert werden. In der Produktion, der Montage, werden die Stoffe gestanzt, gesteppt, Sohlen zugeschnitten, Abätze werden in der ROSENROTH-Farbe eingefärbt, die Laufsohlen werden befestigt, usw. Das die Absätze mit der ROSENROTH-Farbe eingefärbt werden ist die eigentliche Wertschöpfung. Durch ein gut eingespieltes Personal zeichnet sich die gelungene Produktionswirtschaft der Firma aus. Es gibt kurze Durchlaufzeiten, welche zu einer Kostenreduktion führen, denn die Schuhe werden auf Basis von Bestelleingängen produziert. Individuelle Kundenwünsche führen zwar zu höheren Kosten, durch die Individualität jedes Schuhpaars kann aber ein höherer Preis erwirtschaftet werden. Die fertigen Schuhe werden verpackt und für den Versand bereitgestellt. Der Absatz und die Bekanntheit der Schuhe wird durch den Vertrieb mit freien Vertretern, durch die Präsenz des Online-Shops, durch die Nutzung der Social Media und Influencer sichergestellt. Der Hersteller ROSENROTH hat sich inzwischen auch sehr gutes Image aufgebaut, denn vor dem Versand der Waren erfolgt eine 1zu1-Qualitätssicherung, wodurch eine gute Qualität sichergestellt wird. Dadurch werden auch Reklamationen weitestgehend vermieden. Sollten jedoch dennoch Mängel auftreten, arbeitet das Reklamationsmanagement an einer raschen Abwicklung einer schnellen Auslieferung der Ersatzware. Der reibungslose Ablauf der primären Aktivitäten wird durch die unterstützenden Aktivitäten sichergestellt. ROSENROTH verfügt über eine gut ausgebaute Unternehmensstruktur: gute Verkehrsanbindungen, gute Internetverbindung, die Geschäftsführerin mit ihrem vertrauensvollen Team kümmern sich um die strategische Planung im Unternehmen. Die Personalabteilung stellt die Rekrutierung, Entwicklung und Schulung der Mitarbeiter sicher. Ein freier Mitarbeiter und die Geschäftsführerin selbst entwickeln die Produkte laufend weiter, indem neue Designs für die Damenschuhe entwickelt, aber auch neue Materialen getestet werden. Dadurch will RO-SENROTH wettbewerbsfähig bleiben. Der Sohn der Geschäftsführerin trägt die Verantwortung für die Beschaffung neuer Maschinen und die Wartung der aktuellen Produktionsmaschinen. ROSENROTH gelingt es damit auch, eine sehr hohe Gewinnspanne für jedes einzelne verkaufte Schuhpaar zu erwirtschaften. Durch diesen Gewinn findet auch eine Ausschüttung an die Mitarbeiter statt. Dies erfolgt in Form von Prämien, um ihnen für ihre Arbeitsleistung zu danken und sie nachhaltig an den Betrieb zu binden.

Literaturverzeichnis

Aufgabenteil B1:

Die Arche. Abgerufen am 29.03.2020, Verfügbar unter: https://www.kinderprojekt-arche.de/

Bundesamt für Justiz (2020a): Abgabenordnung. Abgerufen am 29.03.2020. Verfügbar unter: https://www.gesetze-im-internet.de/ao_1977/

Bundesamt für Justiz (2020b): Gewerbesteuergesetz. Abgerufen am 29.03.2020. Verfügbar unter: https://www.gesetze-im-internet.de/gewstg/

Bundesamt für Justiz (2020c): Körperschaftssteuergesetz. Abgerufen am 29.03.2020. Verfügbar unter: https://www.gesetze-im-internet.de/kstg_1977/

Wöhe, G., Döring, U., Brösel, G. (2016): Einführung in die allgemeine Betriebswirtschaftslehre. 26. Aufl. München

Aufgabenteil B2:

Heinen, E. (1971): Der entscheidungsorientierte Ansatz der Betriebswirtschaftslehre. In: Zeitschrift für Betriebswirtschaft, S. 429-444.

Känel, S. von (2018): Betriebswirtschaftslehre. Eine Einführung. Wiesbaden

Peters, S., Brühl, R., Stelling, J. (2005) Betriebswirtschaftslehre: Einführung, 12. Ausgabe, Walter de Gruyter GmbH

Aufgabenteil B3:

Peters, S., Brühl, R., Stelling, J. (2005) Betriebswirtschaftslehre: Einführung, 12. Ausgabe, Walter de Gruyter GmbH

Thommen, J., Achleitner, A., Gilbert, D., Hachmeister, D., Kaiser, G. (2017): Allgemeine Betriebswirtschaftslehre. Umfassende Einführung aus managementorientierter Sicht. 8. Aufl. Mit 346 Abbildungen. Wiesbaden.

Weber, W., Kabst, R., Baum, M. (2018): Einführung in die Betriebswirtschaftslehre. 10. Aufl. Wiesbaden.

Aufgabenteil B5:

Ansoff, H. (1966): Management-Strategie. München

https://bibliotheksportal.de Ansoff-Matrix (Produkt-Markt-Matrix) (02.06.2015) Abgerufen am 06.04.2020, verfügbar unter: https://bibliotheksportal.de/ressourcen/management/marketing-baukasten/marktanalyse/ansoff-matrix/

https://www.fuer-gruender.de René Klein, Abgerufen am 06.04.2020, Verfügbar unter: https://www.fuer-gruender.de/wissen/geschaeftsidee-finden/geschaeftsidee-suchen/produkt-markt-matrix/

Meffert, H., Burmann, C., Kirchgeorg, M. (2015): Marketing. Grundlagen marktorientierter Unternehmensführung. Konzepte – Instrumente – Praxisbeispiele. 12. Aufl. Wiesbaden.

Nieschlag, R., Dichtl, E., Hörschgen, H. (2002) Marketing. 19. Auflage Berlin

Thommen, J. (2015) Marketing. Eine umfassende Einführung: Ein Modul der Managementorientierten Bewirtschaftslehre, Versus Verlag

Thommen, J., Achleitner, A., Gilbert, D., Hachmeister, D., Kaiser, G. (2017): Allgemeine Betriebswirtschaftslehre. Umfassende Einführung aus managementorientierter Sicht. 8. Aufl. Mit 346 Abbildungen. Wiesbaden.

Aufgabenteil B6:

Porter, M. (2000): Wettbewerbsvorteile (Competitive Advantage). Spitzenleistungen erreichen und behaupten. 8. Aufl. Frankfurt am Main.

Spyra, C. (2016) Wettbewerbsvorteile und Effizienzsteigerung durch strategische Geschäftsprozesse, 1. Ausgabe, Cuvillier Verlag Göttingen

Weber, W., Kabst, R., Baum, M. (2018): Einführung in die Betriebswirtschaftslehre. 10. Aufl. Wiesbaden.

Anhänge

Anhang 1: Ergebnismatrix

		Alternativen	
		Warthausen	Ochsenhausen
Ziele/ Kriterien	Nachfrage anhand der Einwohnerzahl	5.318	8.856
	Konkurrenz	3	7
	Kaufkraft	28.065 € / Kopf	21.500 € / pro Kopf
	Mietpreise	8,04 €pro m²	6,78 €pro m²

Tabelle 1: Ergebnismatrix
(Quelle eigene Darstellung)

Anhang 2: Nutzenmatrix

			Alternativen			
			Warthausen		Ochsenhausen	
		Gewichtung	abs.	gew.	abs.	gew.
Ziele / Kriterien	Nachfrage	40%	6	2,4	8	3,2
	Konkurrenz	25%	8	2	3	0,75
	Kaufkraft	15%	7	1,1	5	0,8
	Mietpreise	20%	4	0,8	6	1,2
	Total		6,3		5,9	

Tabelle 2: Nutzenmatrix
(Quelle eigene Darstellung)

Anhang 3: Produkt-Markt-Matrix

Abbildung 1: Ansoff-Matrix
(Quelle https://bibliotheksportal.de)

Anhang 4: Ansoff-Beispiel

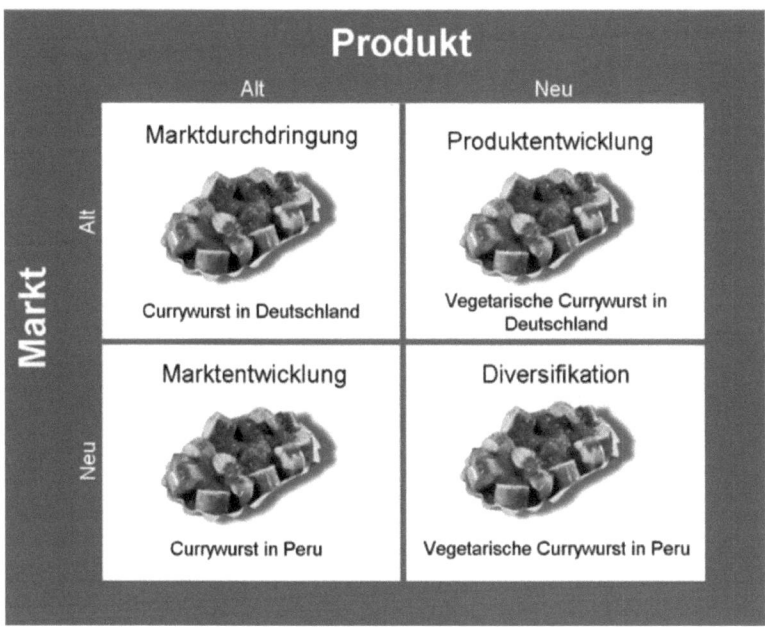

Abbildung 2: Produkt-Markt-Matrix nach Ansoff, Beispiel Currywurst

(Quelle https://www.fuer-gruender.de)

Anhang 5: Wertkettenmodell

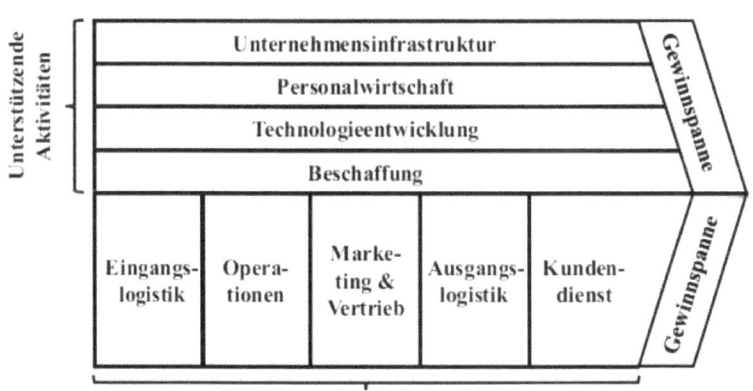

Abbildung 3: Wertkettenmodell nach Porter

(Quelle: Porter (2000) S. 64)

BEI GRIN MACHT SICH IHR WISSEN BEZAHLT

- Wir veröffentlichen Ihre Hausarbeit,
  Bachelor- und Masterarbeit

- Ihr eigenes eBook und Buch -
  weltweit in allen wichtigen Shops

- Verdienen Sie an jedem Verkauf

Jetzt bei www.GRIN.com hochladen
und kostenlos publizieren